Rosentanzen Verlag
Jana Rosenkranz

99
Motivationen für Mamas

Mit Humor wird's leichter

Für dich.
Weil du die beste Mama bist.

♡♡

Hallo du liebe Mama,

nimm dieses Buch und gönn dir eine
kleine Auszeit zum Schmunzeln.

Indem du irgendeine Seite aufblätterst,
ein paar Mutmach-Zeilen liest und dich
daran zurückerinnerst, dass du die
tollste Mama bist, die es gibt.

Gönn der Wäsche lieber
auch mal ne Auszeit!
Die will heute unbedingt
länger liegen bleiben.

Falls du dir gestern Abend
wieder vorgenommen hast:
Heute schaff ich's mit
weniger Schimpfen ...

... dann sag dir heute Abend:
Morgen nicht!

Keine Ahnung, wie du den
Tag überleben sollst?
Mach dir JETZT einen Kaffee.
Der Duft bringt neue Ideen.

Manchmal tut's auch
einfach ne Pizza.

Woran erinnert sich dein
Kind später eher:

Dass du immer alles
selbst gebacken hast?
ODER
Dass du Zeit mit ihm
verbracht hast?

Wenn du denkst, dass heute
wieder gar nix geklappt hat,
überleg mal kurz:
WAS
hat denn heute geklappt?

Gleich klatscht es.
Das ist Beifall.
Für dich.

Du solltest mal meditieren,
sagen alle?

Du solltest mal machen,
worauf du richtig Bock hast!

Wie toll das war, als man
sich morgens noch
IN RUHE
fertigmachen konnte, oder?

Da gibt's auch nix schön
zu reden jetzt.

Auch die Super-Muttis
sind nach spätestens
einem langen Super-Tag
NUR
noch Muttis.

Ein guter Partner ist nur
ein guter Partner, wenn
er deinen Rücken massiert.
Und zwar
heute Abend.

Du hast Urlaub und dein Kind
ist trotzdem in der
Betreuung?

Manchmal muss man
halt **Prioritäten** setzen.

Krass, was du alles bist:

Hausaufgaben-Hilfe, Einkäuferin,
Seelenklempnerin, Spiele-Expertin,
Köchin, Wäschefachfrau, Putzkraft,
Geburtstagsorganisatorin,
Terminplanerin, Business-Frau,
Einschlafbegleiterin.

Was fällt dir noch ein?

Wenn dein Kopf voll mit Aufgaben ist:

Setz dich kurz auf einen Stuhl.
Mach eine Faust.
Roll den Mittelfinger aus.
Halt ihn hoch und fühl dich besser.

Frag dich mal kurz:
Welches Lied hast du
früher immer richtig
gerne gehört?

Dann mach's mal an!

Sollte es zum wiederholten Male
vorkommen, dass dein Essen
kritisiert wird, kannst du auch
ruhig mal sagen:

PECH FÜR EUCH!

Dein Beitrag für mehr
Gleichberechtigung:

Sag allen Admins aus deinen
Kinder-Whatsapp-Gruppen,
sie sollen auch den
Papa einladen.

Geheimtipp:

Mit ner guten Banane
machst du nie was falsch.

Wer denkt, dass alleine
einkaufen zu gehen zur Kategorie
Freizeit gehört, hat da was
ganz falsch verstanden.

Welche drei Eigenschaften
magst du an dir?

Sag sie dir vor.
Sag sie dir vor.
Sag sie dir vor.

Du hast keine Lust auf die
anstehende Verabredung?
Die Kinder husten auch
schon wieder.

Mist.

XXX

Lohnt es sich denn wirklich,
jetzt schon wieder aufzuräumen?

Frag mal die Sachen, die rumliegen.
Wenn sie dir keine Antwort geben,
solltest du noch warten.

Man soll sich ja in blöden
Situationen selbst veräppeln
und einfach grinsen.

Ist zumindest einen
Versuch wert.

Du musst abwägen:

Zu viele Süßigkeiten bei Oma
oder
keine Zeit ohne Kinder.

Nimm das Obere.

Wer NÖ sagt,
muss auch
NÖ sagen.

!

Du hast keine Lunchbox
mit 73 Fächern, die du für jeden
Ausflug packst?

Da gibt's nur eine richtige Antwort:
NA UND?

Stell dir vor, du dürftest einer Mama,
die einen richtig tollen Job macht,
einen Orden verleihen.

Diese Mama trägt deinen Namen
und sieht genauso aus wie **du**.

Was
wünschst du dir in diesem
Moment am meisten?

Und was
hält dich davon ab?

Wann war dein letzter Urlaub?
Schon mehr als zwei Jahre her?
Dann lass daraus bloß nicht
drei Jahre werden.

Lass dich auf keinen Fall von den
tollen Familienausflügen
anderer blenden!

Wer wie oft geschrien hat, sieht
man auf den Fotos
nämlich nicht.

Denkst du bei **Sommer** auch
immer sofort ans lästige
Eincremen und bei **Winter**
ans unmögliche Anziehen?

Irgendwann können
sie's alleine.

Sagt man.

Du findest gerade einfach
keine Zeit für dich?

Es soll ein Möbelhaus geben,
wo sich liebe Menschen so
gerne mal um deine Kinder
kümmern würden.

Weißt du, welche Serien
gerade angesagt sind?

NEIN?

Plan für heute Abend:
Serie raussuchen, die du
ganz alleine guckst.

UND WIRKLICH GUCKEN!

Es soll ja Leute geben,
die nie zu Hause schimpfen.
Es soll ja auch Einhörner geben.

Oder nicht?

Koch-Tipp für wählerische
Esser*innen und verzweifelte Mamas:

Nudeln mit

1) Tomatensoße
2) Pesto
3) Ketchup

Hast du etwa noch nie was mit
Fondant gebacken?
Reimt sich ja auch fast auf
verdammt.

Dann lieber nicht.

Was ist unsichtbar und wird
viel zu wenig gefeiert?

Die liebevollen Gedanken, die
du dir rund um die Uhr um
deine Kinder machst.

Du fragst dich:

Wie zur Hölle schaffen
die anderen das?

Die anderen fragen
sich das auch.

Zwischendurch hilft es, wenn
du kurz so tust, als wären
es nicht deine Kinder.

Dann ist alles auf einmal
gar nicht mehr
so schlimm.

DU
hast Leben erschaffen.

DU
bist eine absolute Heldin!

Du wünschst dir manchmal
dein altes Leben zurück?

Überleg in diesen Momenten,
was du ohne deine Kinder
niemals erreicht hättest.

Wo keine Krümel liegen,
ist kein Leben.

Manchmal geht‘s eben
nur weiter, wenn man
einen Keks gegessen hat.
Oder zwei.
Zwei mit Schokolade aber.

Einkaufen mit Kindern ist toll.
Man muss ihnen nur Grenzen setzen.
Brötchen in die Hand
kann auch eine Grenze sein.

Fragst du dich manchmal,
wie lange die Waschmaschine
noch durchhält?

Wäre ja aber irgendwie auch schön,
wenn sie einfach mal still wäre.

Schon wieder nix von deiner
TO-DO Liste geschafft?
Da stand ja auch nicht,
dass du das alles
HEUTE
schaffen musst.

breathe

Du fühlst dich schlecht,
weil du
keine Verabredungen schaffst,
selten Zeit mit deinem Partner
verbringst, zu wenig Schönes
mit den Kindern machst?

Versuch erst mal
eine Sache pro Woche
einzubauen.

Wenn deine Kinder denken,
dass Papa manche Sachen
besser kann:

Lass sie in dem Glauben!

Wenn sich Arbeiten wie Urlaub anfühlt, solltest du dir ganz dringend was Gutes tun.

Und wann sollst du jetzt
auch noch Sport machen?

Mit der Antwort solltest du
dich erst auseinandersetzen,
wenn du wieder mehr Zeit hast.

Könnte etwas dauern.

Man kann Kindergeburtstage
ja auch woanders feiern.

Könntest du mal ausprobieren,
wenn's uuunbedingt sein muss.

Muss eine gute Mama
basteln können?

Wie bitte?
Die Frage ist
anscheinend
zu absurd.

Wer es schafft,

morgens die Kinder fertig zu machen,
normal angezogen zu sein,
(fast) ohne Streit loszufahren,
und dann pünktlich
bei der Arbeit anzukommen,

~~DER~~ DIE KANN ECHT WAS!

♡

Hör auf, dich mit anderen
zu vergleichen.
Mach genauso weiter!
Denn DEIN Weg
ist der einzig
RICHTIGE.

Sollte jemand zu dir sagen:
„Du siehst heute aber müde aus."

Dann antworte:
„Ja? Dann ist ja gut, dass das
geklappt hat. Ich hatte nämlich gehofft,
so würde mich NIEMAND ansprechen."

Du hast das Gefühl, dass nur
deine Kinder durchdrehen,
wenn Besuch kommt?

Am besten machst du dir
nächstes Mal schon vorher klar,
dass das Quatsch ist.

Wann hast du das letzte Mal gehört,
dass du wunderschön bist?

Heute!

Du bist wunderschön.

Der Kühlschrank ist schon wieder leer?

Diesmal geht der einkaufen, der den größten Bauch hat.

der = Papa

Du kennst das Wort
Party
nicht mehr?
Hat irgendwas mit Tanzen
zu tun und soll auch was
für Mamas sein.

Essen
kochen oder **k**aufen?

Beides fängt mit **k** an.
Deshalb ist auch beides
gleich gut.

♡

Wenn es sich wie 17 Uhr anfühlt,
es aber leider erst 9 Uhr ist,
dann solltest du kurz die Augen
zumachen.

Immerhin zehn Sekunden weiter.

Falls dich jemand fragt,
was für ein Buch du gerade
liest, dann antworte einfach:

„Du, ich kann eigentlich
nur noch vorlesen."

Du solltest alle drei Versionen
von Nein beherrschen:

Nahain.
Neijen.
Nöhö.

Entfolge auf Social Media
ab sofort allen, die bei dir
ein schlechtes Gefühl
auslösen.

AB SOFORT!

Bei einem Kopf voller Gedanken:
Frag dich, welchen Gedanken
du auch in fünf Jahren noch
denken wirst.

Keinen?

Dann lass sie ALLE
weiterziehen.

Werden dir bei der Arbeit
rücksichtslos Termine eingestellt,
die als Mama **nicht** machbar sind?
Hör auf, dich zu rechtfertigen
und sag:

GEHT NICHT!

Halte dich nicht unnötig mit
Dingen auf, die Zeit fressen.

Niemand muss ein
Spannbettlaken
ordentlich falten.

Nimm einen kleinen Block
und einen Stift mit ans Bett.
Schreib jeden Abend
drei Dinge
auf, für die du
dankbar bist.

In schlechten Momenten
holst du den Block und liest.

Kinder können Hosen auch
mal 3x nacheinander tragen.
Du musst ja nicht
unbedingt dran riechen.

Folgende Regel für alle
Elterngespräche
(Kindergarten + Schule):

Sie meinen es nicht persönlich.
Irgendwann wird dein Kind
genauso toll wie du!

Bei unerwünschten Erziehungstipps,
am besten erwachsen reagieren!

• • • • • • • • • • • • • • • • • •

Ohren zu halten und rufen:

„Ich hör dich nicht!"
„Ich hör dich nicht!"
„Ich hör dich nicht!"

Was hast du damals an den Sonntagen gemacht?

Versuch, mindestens **eine Sache** davon wieder einzuführen.

Keinen Kita-Platz,
keinen Schwimmkurs,
keine Nachmittagsbetreuung?

Du bist nicht allein.
Vielleicht hilft das.

Es ist wirklich nicht schlimm,
wenn der Pizzabote
dich mit Namen begrüßt.

Hast du auch schon mal
eine Tupperdose nicht
zurückbekommen?
Bei
nicht selbstgemacht
wäre das nicht passiert.

Keine Zeit für Wellness?
Ein Friseurbesuch kann
auch schon helfen.

Besser als nix.

Lass deine Kinder entscheiden,
ob sie WIRKLICH wieder
einen selbstgebastelten
Adventskalender
haben möchten.

Vielleicht hast du
Glück.

Wenn deine Kinder einfach nicht
kommen, wenn du sie rufst, dann
setz dich mit einem Kaffee
auf's Sofa.

In 30 Sekunden müssten
sie da sein.

Hand auf's Herz:
Wie oft hast du vergessen,
dass im Kindergarten
Spielzeug-Tag ist?

Schlimmer wär's gewesen,
wenn du vergessen hättest,
deinem Kind eine Hose
anzuziehen.

Früher waren Mütter robuster!
AAhjaaa ...

Endlich Wochenende?

Schütze dich selbst und
geh lieber genauso früh ins
Bett wie unter der Woche.

Wenn du dich gerade mies fühlst,
dann erinner dich an eine
Situation, die wirklich mies war:

Zum Beispiel
als dein Kind beim Einkaufen
Aa musste, als ihr gleichzeitig
Magen-Darm hattet, als das
ganze Bett voller Pipi war,
als ...

So schlimm ist es doch
auch alles nicht.
Oder warum guckst du dir
abends unermüdlich Fotos
von deinen Kindern an?

Wann hast du das
letzte Mal einfach
GAR NICHTS
gemacht?

Solltest du die Frage
nicht verstehen, dann
gib bei Google ein:

Ideen nichts machen Mama

Was?
Du hast deinem Kind
noch nie was genäht?

Macht nix.

Man sagt ja auch, dass Omas
das sowieso am besten
können.

Du hast die Schnauze voll?

Nimm's den anderen nicht übel,
dass sie deine Gedanken nicht
lesen können.

Sag doch einfach mal:
Ich hab die Schnauze voll!

Erinnerst du dich an diese
unmenschliche Zeit
direkt nach der Geburt?

Den Rest schaffst
du auch noch.

Du suchst die gute Laune?
Ruf erst mal bei der
schlechten an und sag,
sie soll abhauen!

Aber flott!

Wir wollen in Gesprächen
doch alle ehrlicher sein:

„Danke für deinen
aufdringlichen Ratschlag.
Mach ich so nicht."

Manchmal hilft es, aus allem
ein Zeitspiel zu machen:

Wer kann am schnellsten ...

... aufräumen?
... die Schuhe anziehen?
... den Tisch decken?

Merk dir Folgendes:

Mütter, die mit ihren Kindern angeben, sind keine ernstzunehmenden Gegnerinnen.

Dass man als Mama nicht krank
werden darf, hat dir vorher
bestimmt auch keiner gesagt.

Kopf trotzdem hoch!

Du möchtest endlich mal
wieder in Ruhe auf Toilette
gehen?

Frag mal deinen
Partner, wie das geht.

Und wer schmiert dir mal
ein leckeres Brot?

Vergiss dich nicht.

Deine Gedanken driften
ins Negative?

Lenk dich ab und versuch zu zählen,
wie oft du wohl schon das Wort
Mama
gehört hast.

Könnte ggf. dauern ...

Wenn dich einer fragt, was deine
Hobbys sind – sag einfach:
„Marathon laufen und (vor)lesen."

Stimmt ja.

Ihr gehört nicht zu den Familien mit
einer großen Süßigkeitenschüssel
auf dem Tisch (weil die Kinder da
eh NICHT drangehen)?

Wo zum Teufel leben diese Familien?

Irgendwann werden deine
Kinder wissen, was du alles
für sie getan hast.
Bis dahin musst du dir das
eben selber sagen.

Fazit

Du bist die tollste Mama,
die es gibt!

Und toll heißt NICHT perfekt.

Dir gefällt das Buch?

Hinterlasse gerne eine Bewertung auf Amazon:

www.amazon.de/ryp

Falls du Fragen oder Anregungen hast,
melde dich hier:

autorinjanarosenkranz@gmail.com

Impressum

Jana Rosenkranz Am Anschlag 28 58553 Halver

Illustrationen: Creative Market
ISBN: 9783000774683

Printed in Poland
by Amazon Fulfillment
Poland Sp. z o.o., Wrocław

31509912R00061